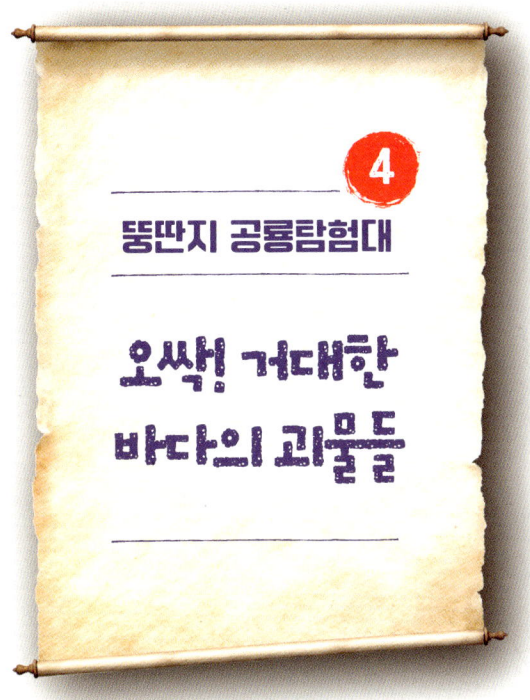

뚱딴지 공룡탐험대 ④

오싹! 거대한 바다의 괴물들

자유로운
상상

뚱딴지 공룡탐험대 ❹
오싹! 거대한 바다의 괴물들

초판 1쇄 인쇄 | 2023년 8월 10일
초판 1쇄 발행 | 2023년 8월 15일

지은이 | 김우영
펴낸곳 | 자유로운상상
펴낸이 | 하광석
디자인 | 김현수(이로)

등   록 | 2002년 9월 11일(제 13-786호)
주   소 | 경기도 하남시 미사강변중앙로 204번길 11 1103호
전   화 | 02 392 1950 팩스 | 02 363 1950
이메일 | hks33@hanmail.net

ISBN 979-11-983735-5-7 (77810)

· 사전 동의 없는 무단 전재 및 복제를 금합니다.
· 잘못 만들어진 책은 바꾸어 드립니다.
· 책 값은 뒤표지에 있습니다.

뚱딴지 공룡탐험대

4

오싹! 거대한 바다의 괴물들

글·만화 김우영

자유로운
상상

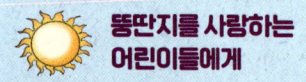 똥딴지를 사랑하는 어린이들에게

신나는 공룡 탐험을 떠나보자!

사람이 살기 훨씬 오래 전, 지구에는 아주아주 커다란 몸집에 갑옷을 입은 듯한 튼튼한 피부, 그리고 날카로운 이빨과 발톱을 지닌 무시무시한 동물이 살고 있었어요. 바라보기만 해도 오싹오싹 소름이 돋는 공룡이 바로 그것이었습니다. '공룡'은 말 그대로 '무서운 용'이에요.

하지만 지금까지 어떤 사람도 실제로는 보지 못한, 화석으로만 남아있는 존재가 바로 공룡입니다.

공룡은 중생대에 크게 번성하며 지구를 지배했어요.

그런데 어느 날 갑자기 멸종해 버렸죠.

대체 무슨 일이 벌어졌던 걸까요?

어린이 여러분의 궁금증을 해소하기 위해 우리의 친구 똥딴지와 삽살이가 공룡탐험을 떠나게 됩니다. 물론 만화와 현실은 다릅니다. 혹시 이 만화를 보고 가볍게 공룡 탐험을 떠나는 친구들은 없겠죠?

만약 여러분 중에 공룡 탐험을 희망하는 어린이가 있다면 똥딴지와 삽살이처럼 공룡에 관한 공부와 준비를 충분히 하기 바랍니다.

　미지의 세상을 가보고 싶은 꿈을 이룬다는 것은 많은 어려움이 따르기 때문입니다. 어린이 여러분들의 욕구와 호기심을 조금이라도 만족시켜주기 위해 뚱딴지 공룡탐험대가 탄생했습니다. 어떤 어려운 상황에서도 슬기롭게 도전해서 극복해 나가는 뚱딴지 공룡탐험대와 함께 어린이 여러분도 탐험과 도전의 정신을 키울 수 있기 바랍니다.

　특히 이번 〈공룡 탐험〉에는 지금까지 알려진 공룡보다 더 많은 공룡 이야기가 담겨 있습니다.

　많이 사랑해 주세요.

평창동 화실에서
김우영

이 책에 등장하는 공룡들

이크티오사우루스
쥐라기 선기에 유럽에서 서식했던 어룡. 이름의 뜻은 "물고기 도마뱀". 어룡의 대명사나 다름없는 종이다.

리오플레우로돈
목이 짧은 수장룡의 계통군인 플리오사우루스 상과에 속하는 커다란 육식성 해양 파충류의 한 속이다. 쥐라기 중기에서 후기까지 유럽의 바다에서 생태계 최상위 포식자였다.

프로가노켈리스
2억 1000만 년 전에 서식하였던 파충류이며 거북류의 조상이다. 중생대 트라이아스 후기에 서식한 멸종 거북의 일종이며, 학명은 '최초의 거북'이라는 뜻을 가지고 있다.

모사사우루스
중생대 백악기 후세에 지금의 유럽, 아메리카, 아시아, 아프리카의 해역에 널리 분포했던 파충류. 몸길이가 8~15m에 이르는 매우 큰 해양 동물로, 악어나 고래 모양의 유선형 몸체를 가졌으며, 사지는 배의 노처럼 변형되었다.

엘라스모사우루스
엘라스모사우루스는 긴 목이 전체 길이의 반을 차지했고 작은 머리와 짧은 꼬리, 네 개의 물갈퀴를 가진 수장룡, 즉 수영하는 파충류이다.

스피노사우루스
'가시 도마뱀'이라는 뜻으로, 디메트로돈처럼 등에 부챗살 같은 돛이 솟아 있다. 몸매가 날렵하고 튼튼한 뒷다리가 있어 사냥을 할 때는 매우 빠른 속도로 움직였다.

갈리미무스
후기 백악기에 살았으며, 몸무게는 250kg~500kg 정도이며 크기는 6~8m로 몽골 지역에서 발견된 잡식 공룡이다. 갈리미무스는 '닭을 닮은 공룡'이란 의미를 가지고 있다.

이구아노돈
평균 길이는 9m이고, 신장은 4m이며, 허리까지의 신장은 약 3m, 무게는 약 4~5t이다. 벨기에에서 발견된 증거에 따르면 이구아노돈은 군집 공룡이다. 골 층에서 이구아노돈의 화석 여러 개가 함께 발견되었는데 이를 통해 무리를 지어 살았다는 것을 알 수 있다.

메갈로돈
2300만년 전~360만년 전 생존한 대형 상어이자 지구 역사상 가장 거대한 어류로, 바다 생태계의 최상위 포식자 위치에 있었던 상어다. 약 1940만 년이라는 기간 동안 최상위 포식자로 존재했다.

들어가면서

아주 멀고 먼 옛날, 공룡들이 땅위를 쿵쿵거리며 걸어다니고 있었을때, 바닷속에서도 커다랗고 사나운 파충류들이 바다를 지배하고 있었어요. 그들은 수장룡(목이 긴 바다 파충류), 어룡(물고기 비슷한 모양이 파충류) 그리고 물가에서 사는 바다도마뱀 등으로 나눌 수 있어요. 수장룡과 어룡은 우리가 상상하는 것 이상으로 몸집이 컸고 빨랐으며 날카롭고 강한 이빨로 먹이감을 사냥했어요.

첫번째 이야기

거대한 바다의 괴물들

그럼 바닷속에는 어떤 동물들이 살고 있었는지 중생대의 바닷속을 함께 여행해 볼까요?

조약돌을 먹는 이유

잃어버린 세계의 서쪽 바다.

쿠우~!

내 이름은 크립토클라투스.

거대한 바다의 괴물들 **19**

헬리코프리온의 화석은 1899년 러시아의 우랄산맥 근처에서 발견되었어요.
아랫입이 돌돌 말려있었고 이빨이 무려 180개가 있었기 때문에 발견 당시 학자들에게 큰 관심의 대상이었어요.

저 입으로 먹이는 어떻게 먹지?

정말로 궁금…? 궁금…?

헹, 저 녀석을 입에 뭘 저렇게 물고 있지?

오오~ 먹이로구나!

거리를 두고 탐색 전에 들어가야겠다.

앗!

옴마나!

이 괴물은 '리오프레우로돈'으로 바닷속의 용맹한 사냥꾼이랍니다.

그런데 '모사사우루스'라는 녀석이 나보다 조금 더 크다잖아. 허첨, 자존심 상해서!

정말 무섭게 생기지 않았니?
꿈에 볼까 무섭다.

하마터면 저 무시무시한 입속으로 들어 갈 뻔 했어.

이젠 돌아가야겠다!

거대한 바다의 괴물들 27

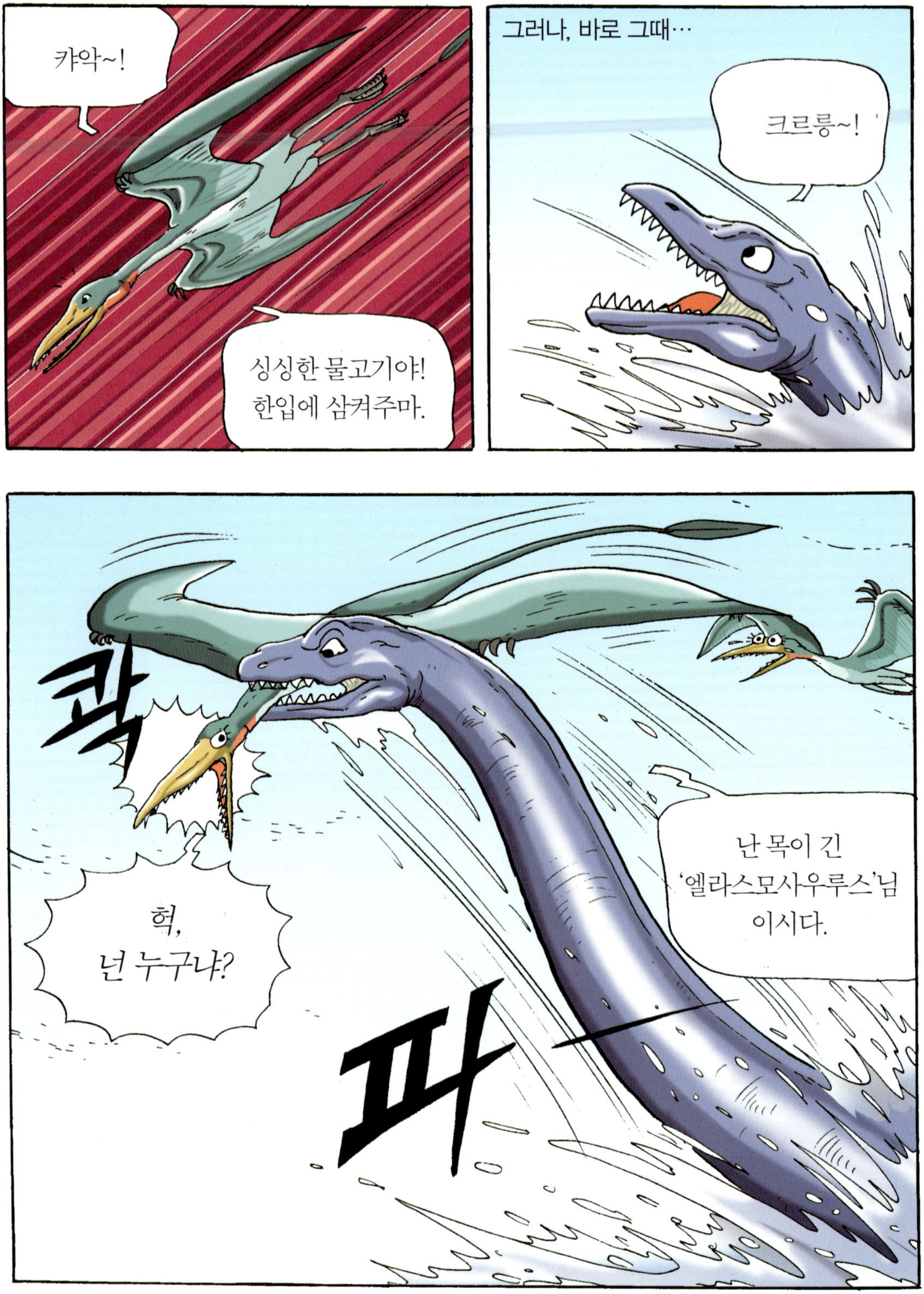

↰ **틸로사우루스**

↰ **크로노사우루스**
'거대한 도마뱀'이라는 뜻으로 지느러미가 강하고 튼튼하며 빠르게 헤엄칠 수 있었어요. 백악기 때 번성했으며 길이는 9.5미터

마크로플라타
지느러미가 4개가 있었지만 특이하게 펭귄처럼 헤엄을 쳤어요. 성격이 포악했으며 백악기 때 번성했어요.

헤스페로니스
백악기에 번성했으며 길이는 1.5미터 가량

펠로비오스테스
행동이 민첩하였으며 암모나이트를 먹이로 삼았어요. 길이는 3미터 가량.

거대한 바다의 괴물들

무라에노사우루스
'바다물고기 도마뱀'이라는 뜻으로 쥐라기 때 번성했으며 물고기를 먹이로 삼는 수중룡이었어요.
길이는 6미터.

스테노포테리키우스
쥐라기때 번성햇으며 돌고래처럼 생겼어요. 어뢰처럼 물속을 빠른 속도로 헤엄치지만 돌고래는 아니고 바다의 파충류 일종이었어요.
길이는 3미터.

베노두스
몸을 납작하고 평평하게 해서 천적으로 부터 자신을 지키는 재미있는 녀석이었어요.
길이는 1미터.

그건 말야 거대하고 거대한 바다괴물~!

'메갈로돈'이야!

메갈로돈은 과연 어떤 공룡일까요?

얼마나 크고 무섭기에 티라노도 한입에 물어 죽인다는 '모사사우루스'보다 강하다고 할까요?

난 메갈로돈을 보기전엔 집으로 돌아가지 않을 생각이야!

메갈로돈이 어떤 공룡인지 여러분도 알고 싶으시죠?

난 싫어~!

두번째 이야기

말도 안돼!
우리 말고 다른 사람이 공룡나라에 있다니

공룡나라를 통째로 가지려는 악당들과 우리의 똥딴지 탐험대가
드디어 딱 마주쳤어요. 똥딴지 탐험대가 무사했으면 좋겠는데…

공룡나라는 5백원 밖에 안돼

아~ 홍

자. 슬슬 시작해 볼까?

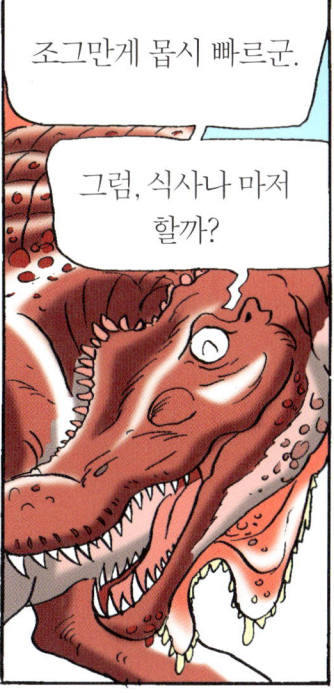

놀라운 광경

이것은 디펜스 써클(둥그런 방어)이라고 하는데 카스모사우루스가 어린 새끼들을 보호할 때 쓰는 방법이에요.

지금도, 아메리카 북쪽에 사는 '버팔로'들은 적으로부터 새끼들을 보호할때 디펜스 써클을 만드는데 이것은 초식 공룡인 각룡들이 육식 공룡으로부터 가족을 지키려고 하던 습성을 물려 받았다고 추측합니다.

> 세번째 이야기

자연은 위대한 수학선생님

만약, 티라노가 멸종되지 않고 모든 초식동물들을 잡아 먹었다면 어떻게 되었을까?

초식공룡들은 언제 다 죽었을까?

난 아직도 모든게 꿈만 같애.

나도.

무엇보다도 '디플로도쿠스'를 직접 보고 카메라로 찍었다는게 정말 꿈만 같아요.

디플로도쿠스가 너무 순해서 놀랬지?

예

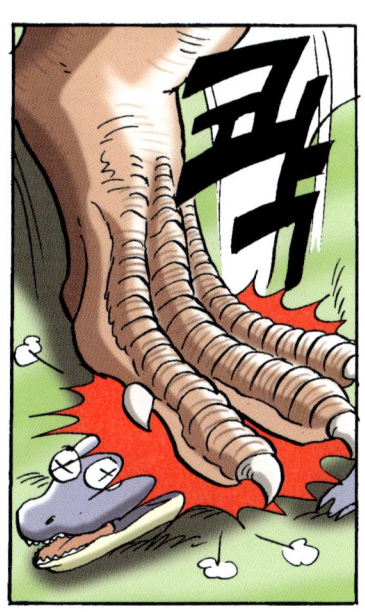

냠냠…쩝쩝…

그렇게 되면, 초식공룡은 육식공룡에 의해 멸종되는거 아닌가요?

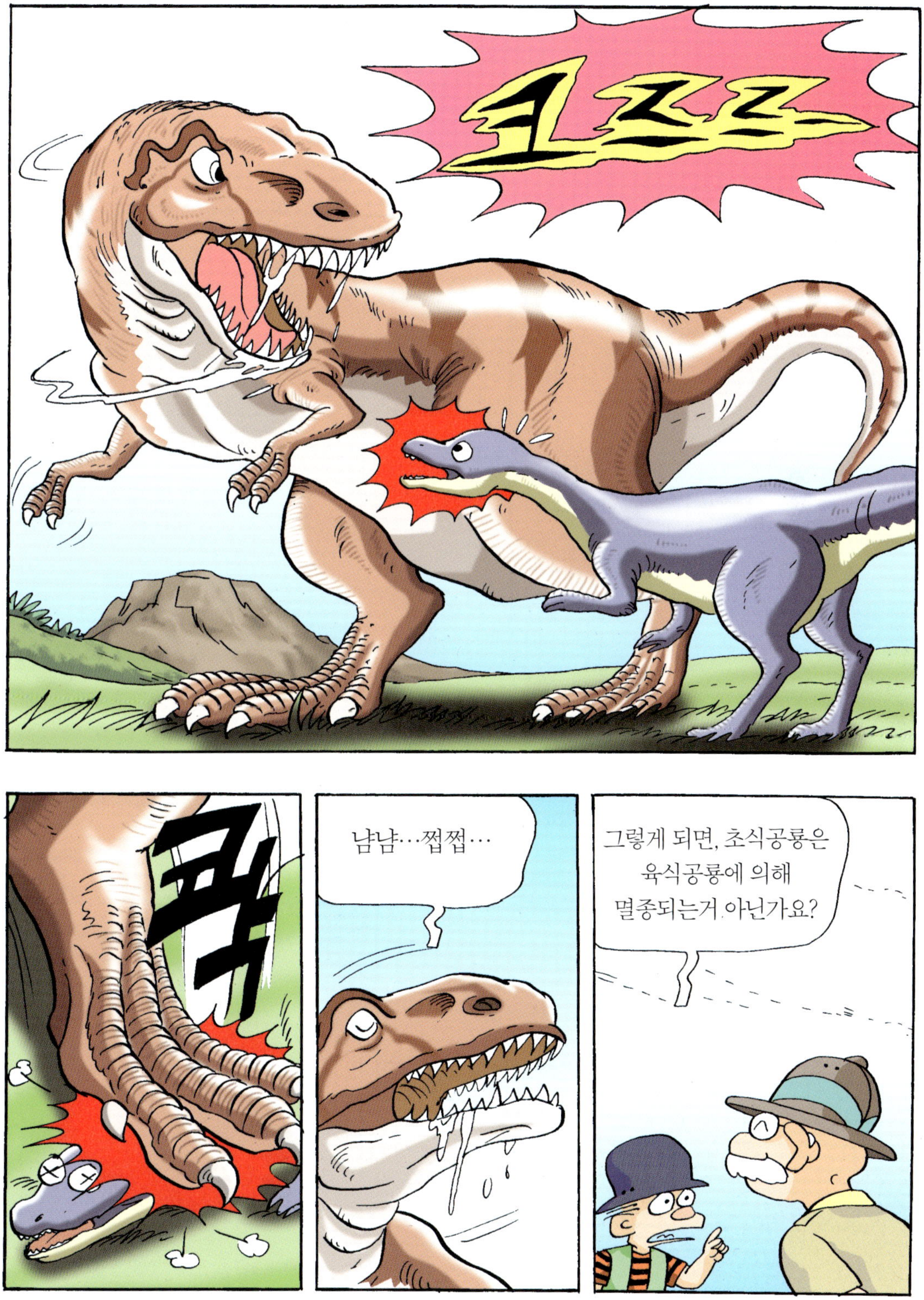

다른 하나는 안킬로사우루스
(몽둥이 공룡)

트리케라톱스처럼

자기 몸을 지킬 수 있는 방어 능력이 있는

그러나 이 녀석들도 자기 몸을 지킬 수 있다는 것 뿐이지…

야! 나한테 덤비지 마. 나도 안 덤빌게.

나도 그럴 생각이었어.

우리들은 덩치가 크고 힘이 세서 알로사우루스와 힘으로 겨룰 수 있답니다.

목이 긴 용각류 종류
일명 '지진용'으로 알려진 세계 최대, 최장의 공룡이에요.

이구아노돈
가장 흔한 초식공룡.

내 무기는 날카로운 엄지랍니다.

갈리미무스

제가 몸이 허약해 보여서 방어 무기 같은 건 안보인다구요?

맞아요. 하지만 달리는 속도가 빨라 육식공룡을 따돌리는 재주가 있죠.

쌩——

어떠냐. 재미있지?

네~~

ㅎㅎㅎ… 나도 재미있게 들었다.

> 네번째
> 이야기

탐험대야 도망가자!

어유~ 어쩌다 이런일이 벌어졌을까요?
그렇지만, 우리의 친구 똥딴지가 설마 악당들에게
최후를 맞이하지 않겠죠?

비밀무기는 랩터의 발톱

으~으~으~
다행히 아직 우리를 못 본 것 같구나.

잔인한 사냥꾼 랩터

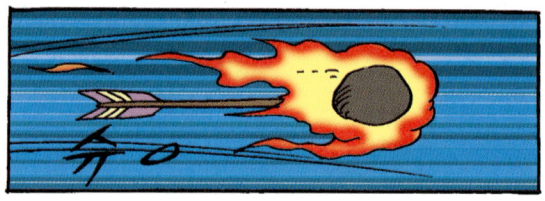
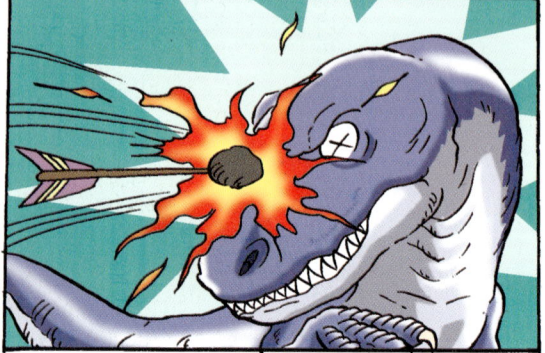

중생대의 난폭자 모사사우루스
어떤 상대와 싸워도 이길 수 있다고 해요.
아구와 이빨이 발달하여 그 힘이 엄청났대요. 그래서 그를 이길수 있는
동물은 자기들 중 덩치가 더 큰 동료 뿐이었대요.

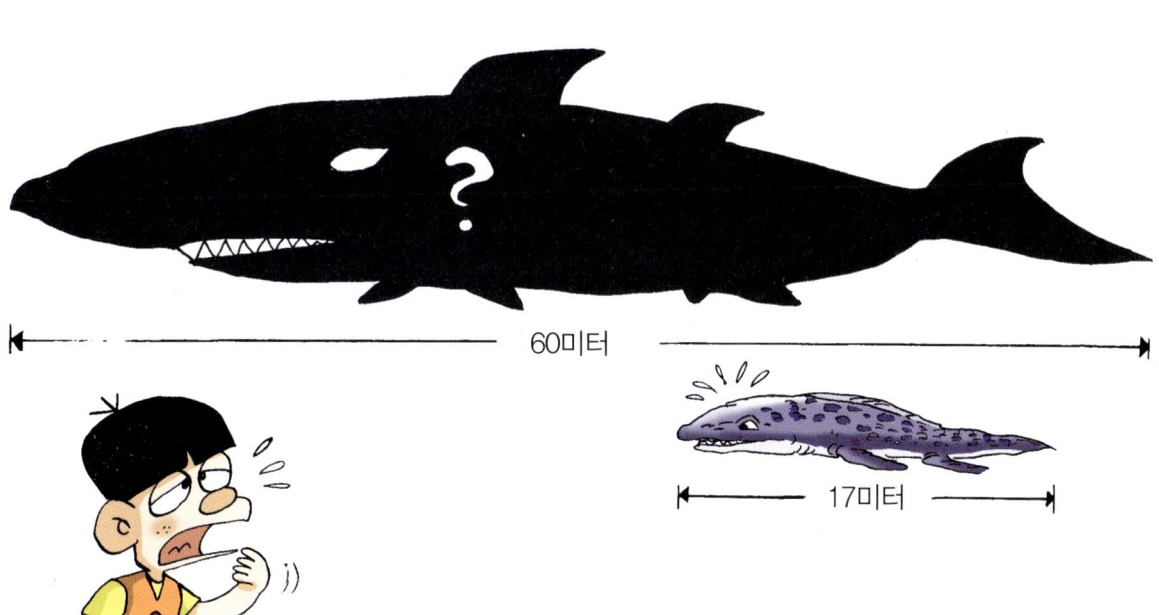

메갈로돈을 찾아라

와, 신난다~! 바닷속엘 들어와 보다니!

그래! 그것도 고대 생물들이 우글거리는 바다야!

잘 살펴봐. 신기한 것 투성이란다.

떨순아. 저길 봐!

프로가노케리스
(최초의 거북)이라는 뜻으로 지금 살고 있는 모든 거북의 조상.

지금의 거북과 달리 목을 보호하기 위해 목 위 부분에 아주 날카로운 가시가 있었고 꼬리는 몽둥이 모양이었어요. 몸길이 60센티로 중생기(트라이아스)에 번성했어요.

스테다칸투스는
공룡보다 더 옛날인 3억7천만년 전 부터 바다에 살았던 옛날 공룡입니다.

특히 머리와 등 사이에 솟아 있는 것을 수컷이 암컷을 부르기 위한 것이라고 추측되어집니다.

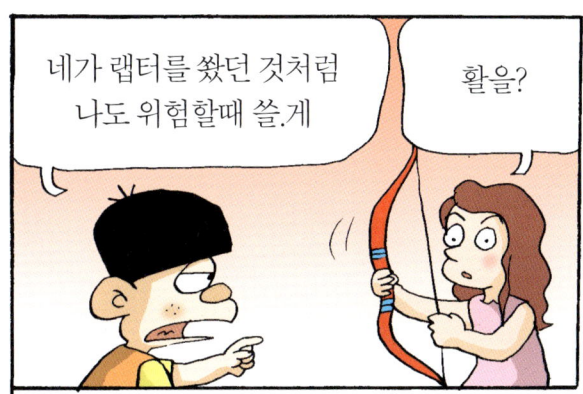

메갈로돈은 전세계의 해양 학자들이 가장 관심을 갖고 연구하는 동물 중의 하나에요. 호주의 바닷가에서 봤다는 자료를 근거로 지금도 살아있다고 주장을 하는 학자들도 있어요. 앙골라나 도미니카 같은 나라에서는 우표로도 나왔으며 우리나라에선 '메그'(스티브 앨튼 씀)라는 책이 번역되어 출판되기도 했어요.

다섯번째 이야기

박사님과 삽살이 구출 작전

마리아와 함께 온 똥딴지 일행은
과연 박사님과 삽살이를 구할 수 있을까요?

악당 비행선과 코끼리의 싸움

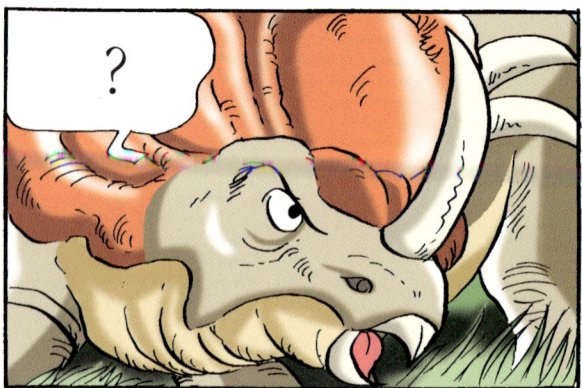

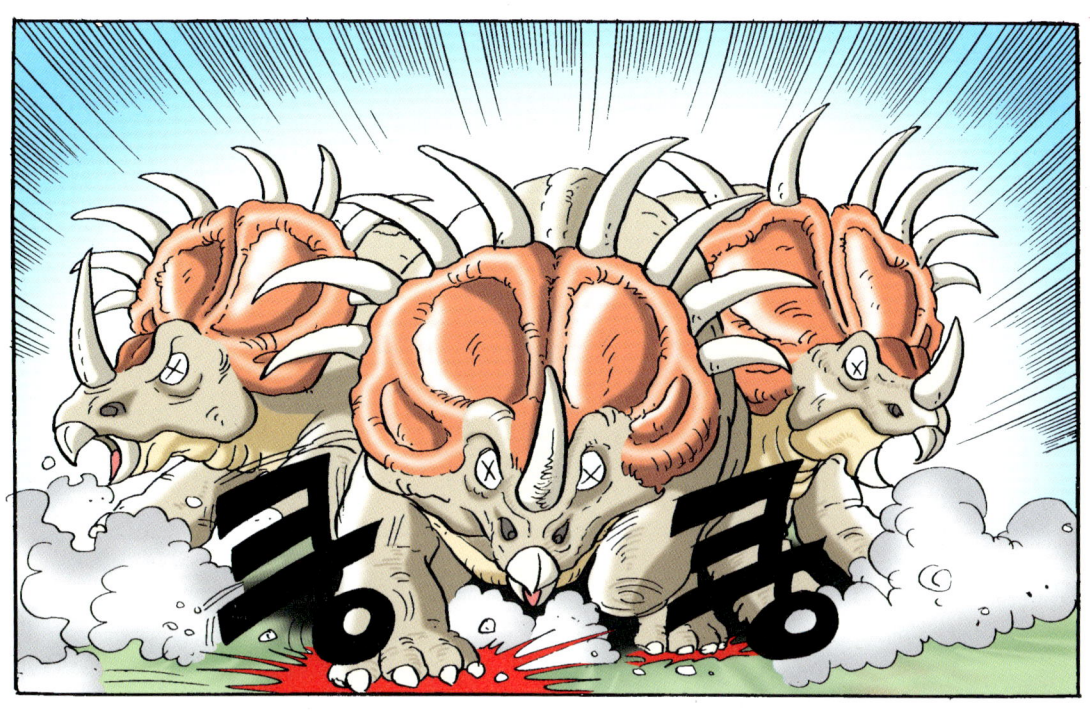

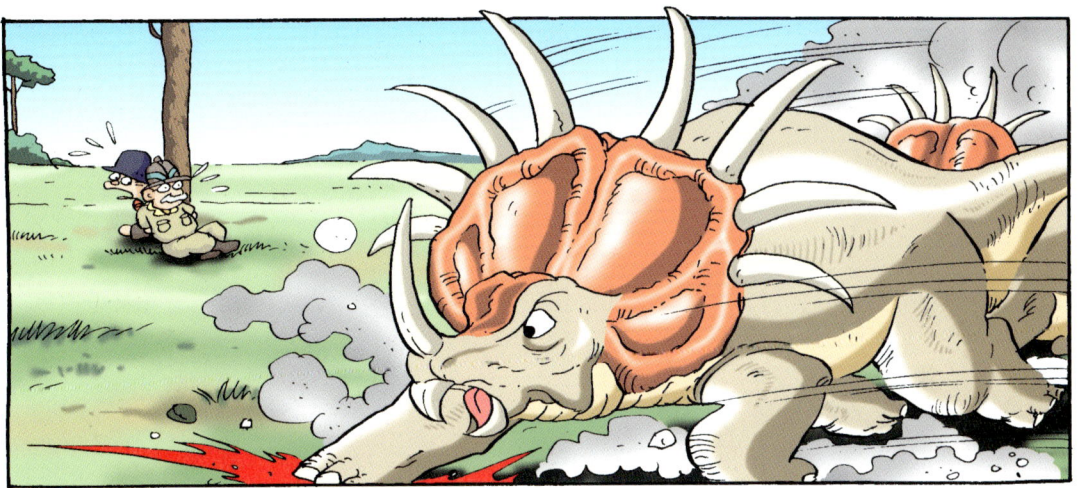

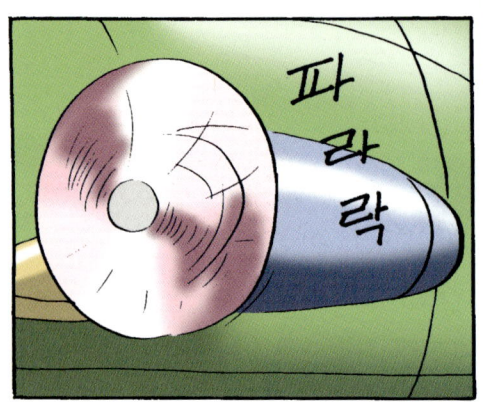

여섯번째 이야기

안녕, 잃어버린 세계야

공룡의 나라를 떠날 때가 다가옵니다. 그런데…
탐험대가 돌아가면 세상 사람들은 탐험대 말을 믿어 줄까요?

웃기는 공룡 스켈리도사우루스

뒤에서 비행선이 쫓아오는 것도 모르고 코끼리호 안에서는 웃음꽃이 피었어요.

우릴 구해줘서 정말 고맙구나.

하하하

호호호

마리아의 도움이 아니었으면 어림도 없는 일이었어요.

네가 그 미국의 백만장자 손녀구나.

마리아라고 해요. 박사님.

스켈리도사우루스

풀을 먹고 사는 초식공룡이란다.

재미있게 생겼어요.

스켈리도사우루스는 자기 몸을 어떻게 지켜요?

나는 아주 특이한 방법을 썼죠.

하하… 정말 재미있는 공룡이다!

공룡마다 특이한 방법으로 자기를 지켰구나.

글쎄 말야.

이런 평화로운 곳을 악당들에게

맞아, 악당들은 오로지 돈벌이로 귀한 귀한 것들을 파헤칠거야.

이 삽살님이 절대 그렇게 하게 두진 않겠다!

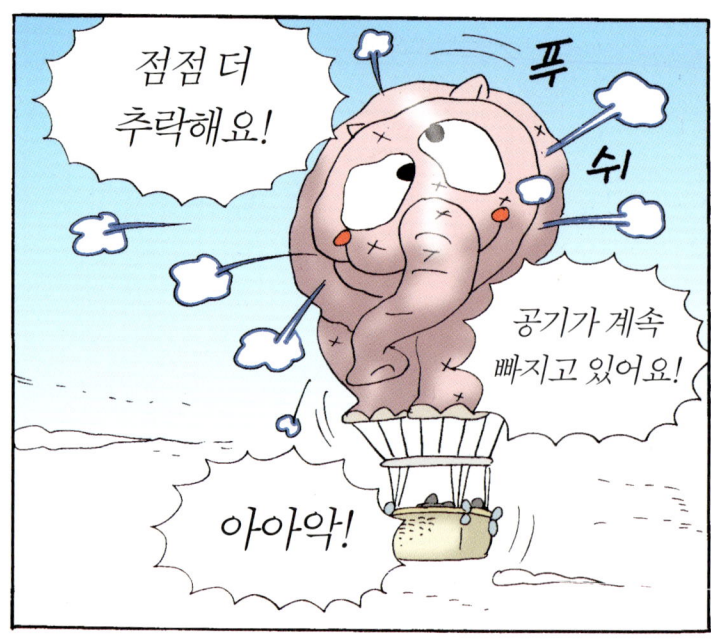

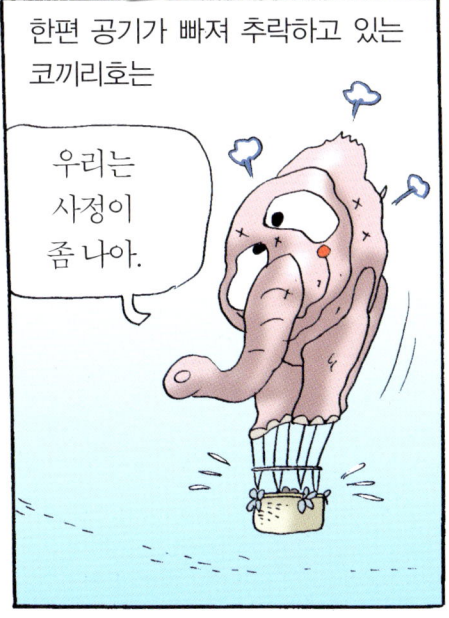

쿵 쿵 쿵

그것봐요. 내가 이럴때가 아니라고 했잖아요.

시끄러워!

결국 티라노가 있는 곳으로 떨어진 건 우리였어.

코끼리 호는 어떻게 됐을까? 탐험대가 무사해야 할텐데.

한편 공기가 빠져 추락하고 있는 코끼리호는

우리는 사정이 좀 나아.

그래도 천천히 추락 하고 있으니.

뛰어 내릴 걱정은 안해도 되겠어.

한참이 지난 후…

탐험대는 모두들 정신을 잃고 깊은 잠에 빠졌어요.

여기가 어디지?

공룡 탐험대는 먼 남미 대륙 쪽을 바라보았어요.

저 대륙의 북쪽. 기아나라 부르는 곳 너머…

안개가 자욱한 곳을 지나가면 잃어버린 세계가 있었어요.

그리고, 그곳에는 옛날 옛날, 아주 먼 옛날… 지구상에 살았던 공룡들이 살고 있어요.